El agua

Arriba, abajo y en todos lados

ilustrado por Natalie M. Rosinsky
por Matthew John
Traducción: Sol Robledo

Agradecemos a nuestros asesores por su pericia:

Asesor de contenido: Raymond Hozalski, Ph.D., Profesor Adjunto
de Ingeniería Ambiental, University of Minnesota, Minneapolis, Minnesota

Asesora de lectura: Lauren A. Liang, M.A., Alfabetizadora, University of Minnesota, Minneapolis, Minnesota

PICTURE WINDOW BOOKS
Minneapolis, Minnesota

Redacción: Nadia Higgins
Diseño: Melissa Voda
Composición: The Design Lab
Las ilustraciones de este libro se crearon con medios digitales.
Traducción y composición: Spanish Educational Publishing, Ltd.
Coordinación de la edición en español: Jennifer Gillis/Haw River Editorial

PICTURE WINDOW BOOKS
1710 Roe Crest Drive
North Mankato, MN 56003
www.capstonepub.com

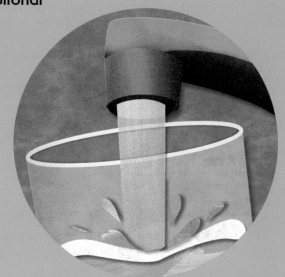

Library of Congress Cataloging-in-Publication Data
Rosinsky, Natalie M. (Natalie Myra)
[Water. Spanish]
El agua : arriba, abajo y en todos lados / por Natalie M. Rosinsky ;
ilustrado por Matthew John.
p. cm. — (Ciencia asombrosa)
Includes bibliographical references and index.
ISBN-13: 978-1-4048-3238-1 (library binding)
ISBN-10: 1-4048-3238-6 (library binding)
ISBN-13: 978-1-4048-2487-4 (paperback)
ISBN-10: 1-4048-2487-1 (paperback)
1. Water—Juvenile literature. 2. Water. I. John, Matthew, ill. II. Title.
GB662.3.R6718 2006
551.48—dc22   2006027110

Impreso en los Estados Unidos de América en North Mankato, Minnesota.
092012   006924

CONTENIDO

¿De dónde viene la lluvia?

Plack, plack, plack. La lluvia te moja la cara.

Esas gotas de lluvia navegaron en una nube,
corrieron en un río y mojaron una playa.

Esas gotas le han dado la vuelta al mundo.

5

El ciclo del agua

Las gotas de lluvia son agua que se usa una y otra vez. Están aquí desde que se inició la Tierra. Son parte del ciclo del agua.

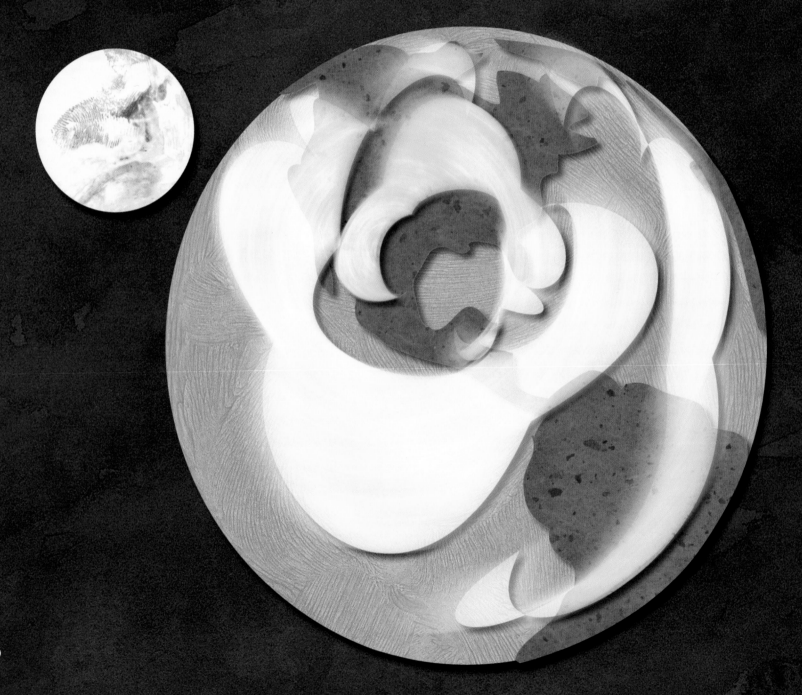

El ciclo del agua comienza cuando el agua baja desde los lagos de las montañas. El agua también brota desde el interior de la Tierra. Desde las montañas y los manantiales, llega a los ríos y los océanos.

Dato curioso: Más del 70% de la Tierra está cubierta de agua.

La luz del Sol calienta el agua hasta que se evapora. Cuando el agua se evapora, sube al aire.

Mira el experimento sobre la evaporación en la página 21.

El calor convierte el agua en gotitas muy pequeñas que se llaman vapor de agua. El vapor de agua flota en el aire a nuestro alrededor, aunque no lo vemos.

El vapor de agua se enfría al subir al aire. Al enfriarse, las gotitas aumentan de tamaño. Ahora se ven como neblina o niebla.

Mira cómo navegan las nubes por el cielo.
Las nubes son de vapor de agua.

Dato curioso: También puedes ver vapor dentro de tu casa, por ejemplo, cuando hierve el agua.

Si las nubes encuentran una corriente de aire frío, las gotitas de vapor se juntan y forman gotas más grandes. El vapor de agua se condensa y cae en forma de lluvia. Si hace mucho frío, cae como nieve.

El vapor de agua también se condensa en otros lugares. Podemos sentir el rocío en el pasto por las mañanas. El vapor de agua del aire tibio se condensó sobre el pasto frío.

Mira el experimento sobre el rocío en la página 21.

Cuando hace mucho frío, se
forma escarcha en la ventana.
La escarcha es rocío congelado.

¿Adónde va el agua?

La nieve se derrite. El rocío se evapora, sube al cielo y forma nubes. La lluvia baja por ríos y llega a los océanos o la absorbe el suelo. Una parte del agua queda atrapada en el hielo de la montaña.

Dato curioso: Sólo el 1% del agua de la Tierra se puede tomar. La mayoría (el 97%) es agua salada y el resto es hielo.

¿Cómo la usamos?

Los venados toman agua de los lagos de los bosques. Los peces nadan en el mar. El maíz y el trigo crecen porque absorben el agua del suelo.

Nosotros también necesitamos agua para vivir. La necesitamos para tomar, para nadar en la alberca y para lavarnos las manos.

Dato curioso: El agua de la Tierra se usa una y otra vez. Tal vez hoy tomaste agua que otras personas o animales tomaron hace miles de años.

Si el agua se ensucia, ya no se puede tomar o nadar en ella. Los materiales de las fábricas, granjas, prados e inodoros ensucian el agua. Es por eso que las ciudades tienen plantas para limpiar el agua que bebemos.

Dato curioso: Los animales no tienen forma de limpiar el agua.

Una y otra vez

Plack, plack, splash. La lluvia escurre por tus botas.

Dato curioso: El agua también escurre dentro de ti. Dos tercios de tu cuerpo están formados de agua.

Experimentos

Deshidrata un trozo de manzana: ¿Sabías que las manzanas tienen mucha agua? Corta una tajada de manzana con la ayuda de un adulto. Déjala reposar sobre un plato unos días. Mira lo que pasa cuando el agua se evapora.

Haz rocío: Pon varios cubos de hielo en un vaso de agua un día caluroso. Déjalo reposar unos minutos. Mira cómo el vapor del aire cálido se condensa fuera del vaso frío.

Haz escarcha: Llena de agua caliente un recipiente de plástico y ponlo en el congelador. Ahora pon un plato de vidrio o metal al lado. Déjalos dentro del congelador varias horas. ¿Qué le pasó al plato?

Los estados del agua: Líquido, sólido y gas

El agua tiene tres estados. Puede ser líquida como la que tomamos. Puede ser sólida como los cubos de hielo. También puede ser gas como el vapor caliente que sale de una olla. El agua pasa de líquido a sólido o a gas dependiendo de la temperatura.

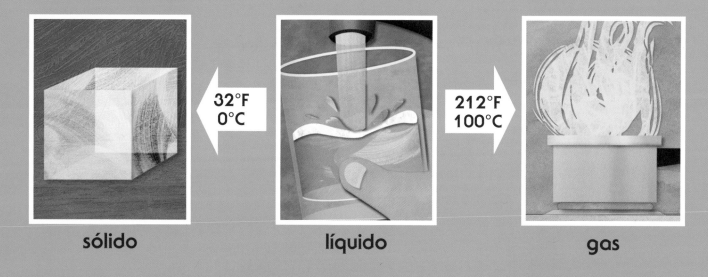

| sólido | líquido | gas |

32°F
0°C

212°F
100°C

La maravillosa agua es la única cosa del mundo que puede cambiar naturalmente a líquido, sólido o gas.

Glosario

ciclo del agua—viaje continuo del agua de la tierra al aire y del aire a la tierra

condensar—pasar del estado gaseoso al estado líquido o sólido

escarcha—capa de hielo muy delgada

evaporar—cambiar del estado líquido al gaseoso

rocío—gotas de agua que se acumulan sobre el pasto u otras cosas frías, por lo general afuera

vapor de agua—gotitas de agua que están en el aire y que a veces se pueden ver

Aprende más

En la biblioteca

Frost, Helen. *El ciclo del agua.* Mankato, MN: Capstone Press, 2004.

Marzollo, Jean. *Soy el agua.* Nueva York: Scholastic, 2003.

Nelson, Robin. *¿Dónde hay agua?* Minneapolis, MN: Lerner Publishing, 2003.

En la red

FactHound ofrece un medio divertido y confiable de buscar portales de la red relacionados con este libro. Nuestros expertos investigan todos los portales que listamos en FactHound.

1. Visite *www.facthound.com*
2. Escriba una palabra relacionada con este libro o escriba este código: 1404800174
3. Oprima el botón FETCH IT.

¡FactHound, su buscador de confianza, le dará una lista de los mejores portales!

Índice

Busca más libros de la serie Ciencia asombrosa:

El aire: Afuera, adentro y en todos lados

El movimiento: Tira y empuja, rápido y despacio

El sonido: Fuerte, suave, alto y bajo

El suelo: Tierra y arena

Imanes: Atraen y rechazan

La electricidad: Focos, pilas y chispas

La energía: Calor, luz y combustible

La luz: Sombras, espejos y arco iris

La materia: Mira, toca, prueba, huele

La temperatura: Caliente y frío

Las rocas: Duras, blandas, lisas y ásperas